Impressum
Verlag: BABADADA GmbH, Nedderfeld 112 , 22529 Hamburg
Geschäftsführer / Verlagsleitung: Harald Hof
Druck: Books on Demand GmbH, In de Tarpen 42, 22848 Norderstedt

Imprint
Publisher: BABADADA GmbH, Nedderfeld 112 , 22529 Hamburg, Germany
Managing Director / Publishing direction: Harald Hof
Print: Books on Demand GmbH, In de Tarpen 42, 22848 Norderstedt

icyumba k'ishuri
classe

kugabanya
dividir

186/2

ikibaho
tauler

ikibuga cyo gukiniramo
pati (de l'escola)

umwarimu
professor

urupapuro
paper

kwandika
escriure

ikaramu
estilogràfica

yo kwandikiraho
escriptori

iregere
regle

igitabo
llibre

anyeshuri bo mu mashuri abanza
tudiant

agahago k'ishuri

bossa

agasanduku k'amakaramu y'igiti

estoig

ikaramu y'igiti

llapis

tayekereyo

maquineta de fer punta

igome

goma

ikayi yo gushushanya

bloc de dibuix

igishushanyo

dibuix

uburoso bwo gusigisha

pinzell

agasanduku k'amarangi y'amabara

capsa de pintures

umukasi

tisores

kore

cola

ikayi y'imyitozo

quadern d'exercicis

umukoro w'imuhira

deures

umubare

nombre

guteranya

afegir

gukuramo

sostreure

gukuba

multiplicar

kubara

calcular

ibaruwa

lletra

ABCDEFG
HIJKLMN
OPQRSTU
VWXYZ

inyuguti uko zikurikirana

alfabet

hello

ijambo

mot

umwandiko

text

gusoma

llegir

ingwa

guix

isomo

lliçó

igitabo cyo kwiyandikishamo

llibre de classe

ikizami

examen

impamyabumenyi

certificat

umwambaro w'ishuri

uniforme escolar

uburezi

formació

inkoranyamagambo

enciclopèdia

kaminuza

universitat

mikorosikope

microscopi

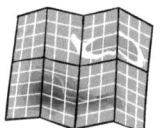

ikarita

mapa

pubere

paperera

urugendo
viatge

hoteli
hotel
Grand
inzu y'amacumbi
alberg
ROOMS
ku muvunjayi
oficina de canvi
EXCHANGE
ivarisi
maleta
imodoka
automòbil

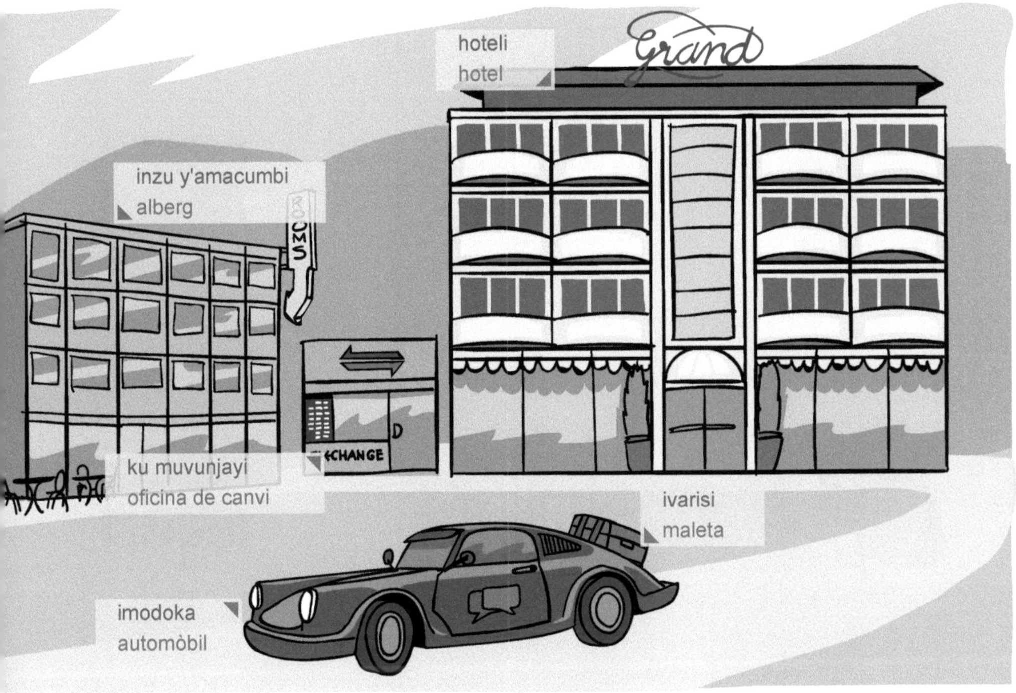

ururimi
llengua

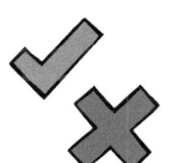

yego / oya
sí / no

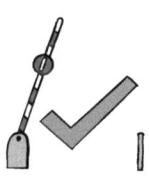

Yego
D'acord

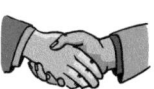

bite
Ey!

umusemuzi
traductora

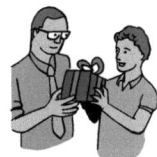

Murakoze
gràcies

ni angahe...?

Quant costa... ?

Sinsobanukiwe

No entenc

ikibazo

problema

wiriwe!

Bona nit!

Waramutse

bon dia!

ljoro ryiza

bona nit!

bayi

fins aviat

ikerekezo

direcció

imizigo

bagatge

igikapo

bossa

igikapo baheka

sarrona

umushyitsi

convidat

icyumba

cambra

agafuko baryamamo

sac de dormir

ihema

tenda

nakuru y'ahasurwa na ba
mukerarugendo
oficina de turisme

ku musenyi wo ku mazi
platja

ikarita ya banki
carta de crèdit

ifunguro ryo gusamura
esmorzar

ifunguro rya ku manywa
dinar

ifunguro rya nimugoroba
sopar

itike
bitllet

asanseri
ascensor

itembure
segell

umupaka
frontera

gasutamo
duana

ambasade
ambaixada

viza
visat

pasiporo
passaport

gutwara abantu n'ibintu

transport

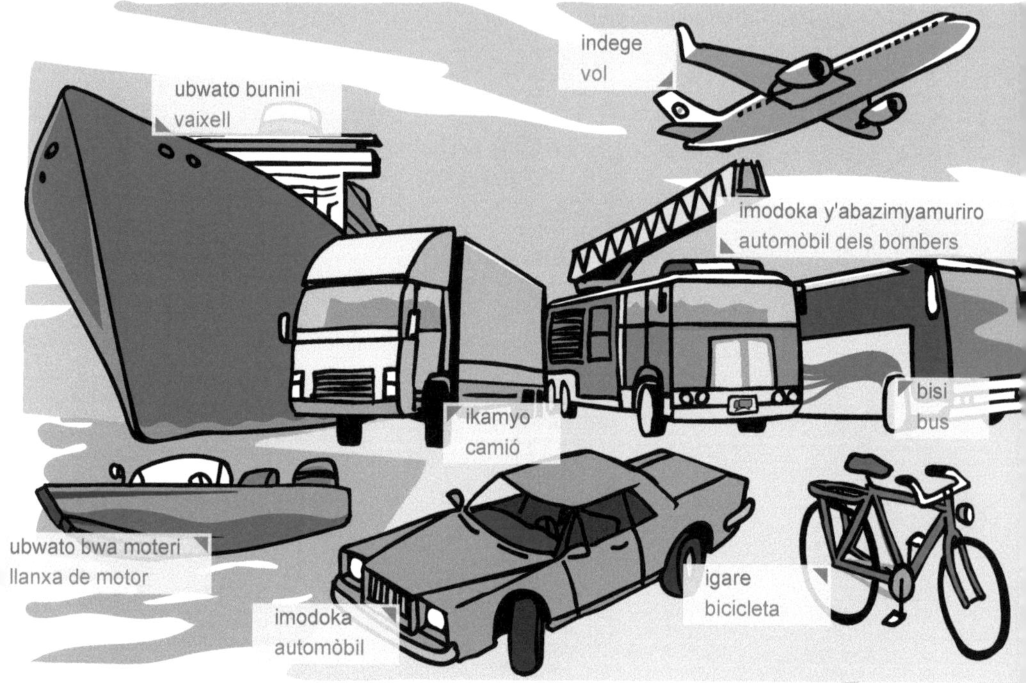
indege
vol
ubwato bunini
vaixell
imodoka y'abazimyamuriro
automòbil dels bombers
bisi
bus
ikamyo
camió
ubwato bwa moteri
llanxa de motor
igare
bicicleta
imodoka
automòbil

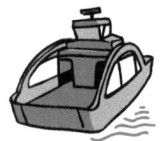

ubwato bwambutsa imizigo n'abantu

transbordador

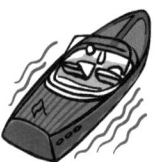

ubwato

barca

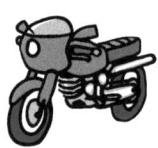

ipikipiki

moto

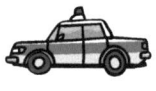

imodoka ya polisi

automòbil de policia

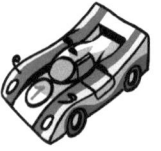

imodoka ya kuruse

automòbil de curses

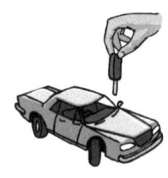

imodoka ikodeshwa

automòbil de lloguer

gusangira imodoka

vehicle compartit

imodoka iterura izindi

grua

imodoka iyora imyanda

camió de les escombraries

moteri

motor

lisansi

benzina

sitasiyo ya lisansi

benzineria

cyapa kiyobora imodoka

senyal de trànsit

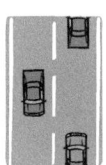

urujya n'uruza rw'imodoka

trànsit

ambuteyaje

embús

parikingi y'imodoka

aparcament

gare ya gariyamoshi

estació de trens

inzira ya gariyamoshi

vies

gariyamoshi

tren

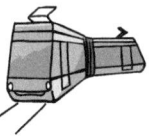

bisi ikoresha
amashanyarazi

tramvia

agatete k'imizigo gakururwa
n'imodoka

vagó

kajugujugu

helicòpter

ikibuga k'indege

aeroport

umunara

torre

umugenzi

passatger

konteneri

contenidor

ikarito

capsa de cartó

akagorofani ko mu iduka

carretó

agaseke

cistella

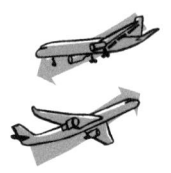

kuguruka / kururuka

enlairar-se / aterrar

umugi
ciutat

umudugudu

poble

mu mujyi rwagati

centre de la ciutat

inzu

casa

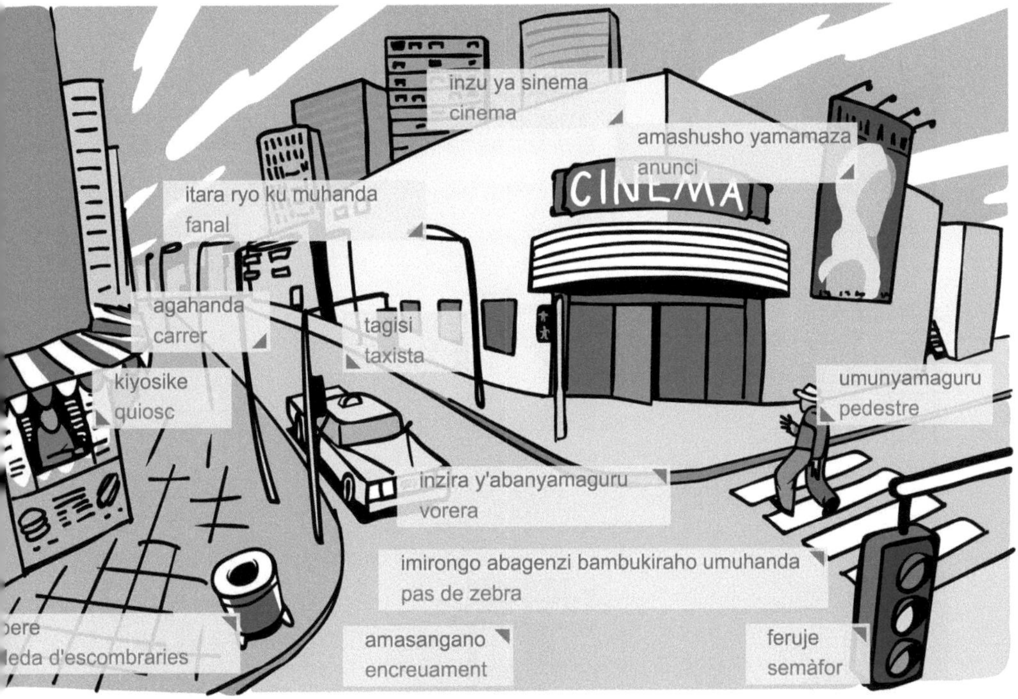

inzu ya sinema
cinema
amashusho yamamaza
anunci
CINEMA
itara ryo ku muhanda
fanal
agahanda
carrer
tagisi
taxista
kiyosike
quiosc
umunyamaguru
pedestre
inzira y'abanyamaguru
vorera
imirongo abagenzi bambukiraho umuhanda
pas de zebra
ere
eda d'escombraries
amasangano
encreuament
feruje
semàfor

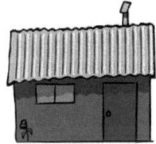

akaruri

cabana

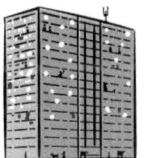

inzu ifatanye n'izindi

apartament

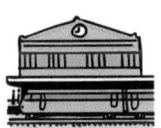

gare ya gariyamoshi

estació de trens

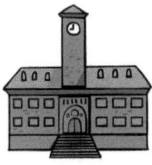

ibiro bya meya

casa de la vila-ciutat

MUSEUM

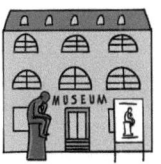

inzu ndangamurage

museu

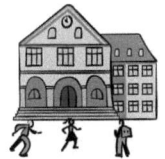

ishuri

escola

kaminuza

universitat

banki

banca

ibitaro

hospital

hoteli

hotel

farumasi

farmàcia

ibiro

oficina

inzu bagurishirizamo ibitabo

llibreria

iduka

botiga

umucuruzi w'indabo

floristeria

amangazini manini

supermercat

isoko

mercat

idepo

gran magatzem

umucuruzi w'amafi

peixateria

iduka rinini

centre comercial

icyambu

port

parike

parc

intebe y'urubaho

banc

iteme

pont

amadarajya

escala

inzira yo munsi y'ubutaka

metro

umuhanda wo munsi y'ubutaka

túnel

icyapa cya bisi

parada d'autobús

bare

bar

resitora

restaurant

gasanduku k'amabaruwa

bústia de correu

icyapa cyo ku muhanda

senyal indicador

mubazi ya parikingi

parquímetre

zoo

zoo

pisine

piscina

umusigiti

mesquita

ifamu
granja

kwangiza umwuka
pol·lució

irimbi
cementiri

ikiriziya
església

ikibuga k'imikino
parc infantil

urusengero
temple

umurambi
paisatge

ikibabi
fulla

icyapa kiyobora
cartell indicador

inzira
camí

umukenke
prat

ibuye
pedra

igiti
arbre

umuntu utembera mu misozi
excursionista

umugezi
riu

ibyatsi
gespa

indabo
flor

ikibaya
vall

agasozi
muntanya

ikiyaga
llac

ishyamba
bosc

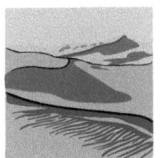

ubutayu
desert

ikirunga
volcà

ingoro
castell

umukororombya
arc de Sant Martí

icyobo
bolet

ikigazi
palmera

umubu
moscard

isazi
mosca

intozi
formiga

uruyuki
abella

igitagangurirwa
aranya

ikivumvuri

escarabat

igikeri

granota

inkima

esquirol

imbuni

eriçó

urukwavu

llebre

igihunyira

òliba

inyoni

ocell

igishuhe

cigne

isatura

senglar

ingeragere

cervo

impongo

ant

urugomero

presa

igipanga kikaraga kikazana
umuyaga

turbina

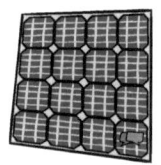

urubaho rukurura imirasire

panell solar

ikirere

clima

resitora

restaurant

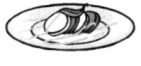

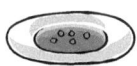

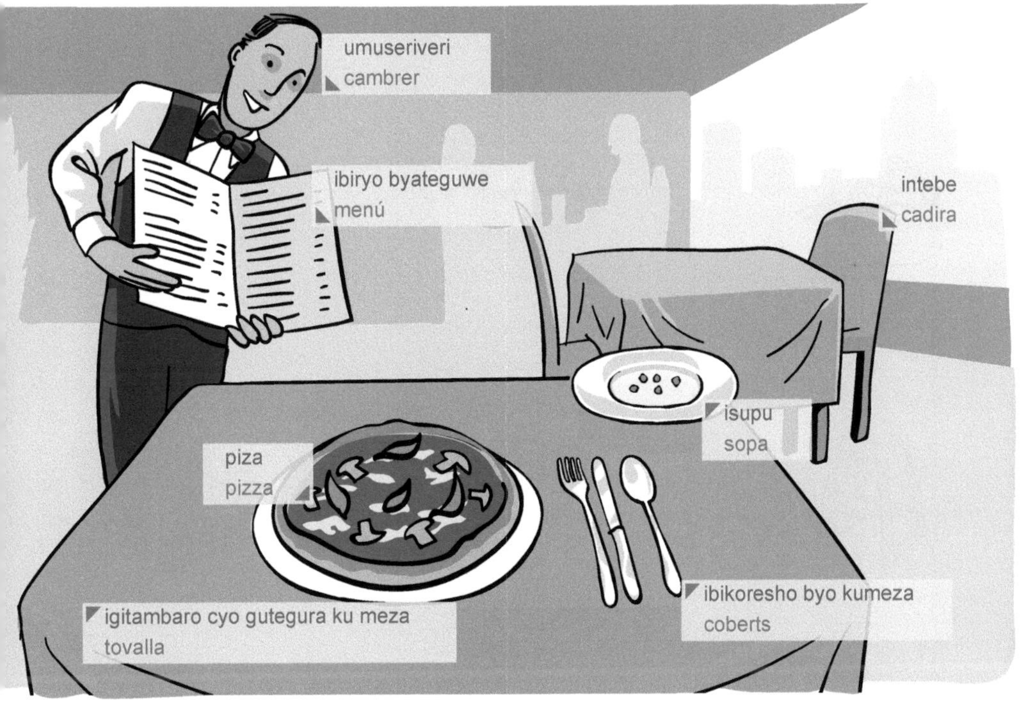
umuseriveri
cambrer
ibiryo byateguwe
menú
intebe
cadira
isupu
sopa
piza
pizza
ibikoresho byo kumeza
coberts
igitambaro cyo gutegura ku meza
tovalla

aperitifu

primer plat

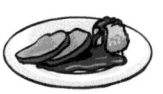

isahani nkuru

plat principal

deseri

darreries

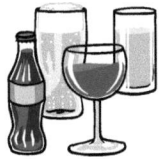

ibinyobwa

begudes

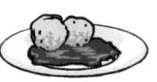

ibiribwa

menjar

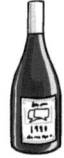

icupa

ampolla

ibiryo barya bagenda

menjar ràpid

ibiryo byo kumuhanda

menjar de carrer

ibirika y'icyayi

tetera

agakombe k'isukari

sucrer

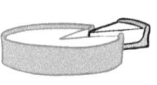

isahani y'ibiryo

porció

imashini y'ikawa ya esipereso

màquina d'espresso

intebe ndende

trona

inyemezabuguzi

factura

ipurato

plata

icyuma

ganivet

ikanya

forqueta

ikiyiko

cullera

akayiko k'icyayi

cullereta

seriviyete

tovalló

ikirahure cyo kunywesha

got

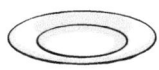

isahani

plat

isahani y'isupu

plat de sopa

agasutasi

plateret

isosi

salsa

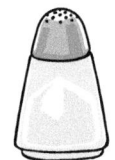

agacupa k'umunyu

saler

agasekuru k'urusenda

molinet de pebre

vinegere

vinagre

amavuta

oli

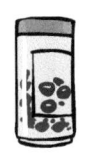

ibirunge

espècies

kecapu

quètxup

mutaride

mostassa

mayonezi

maionesa

amangazini manini

supermercat

igiciro kidasanzwe
oferta especial
FOR
umukiriya
client
ibiva mu mata
productes lactis
imbuto
fruites
akagorofani ko mu iduka
carret de la compra

BUTCHERS

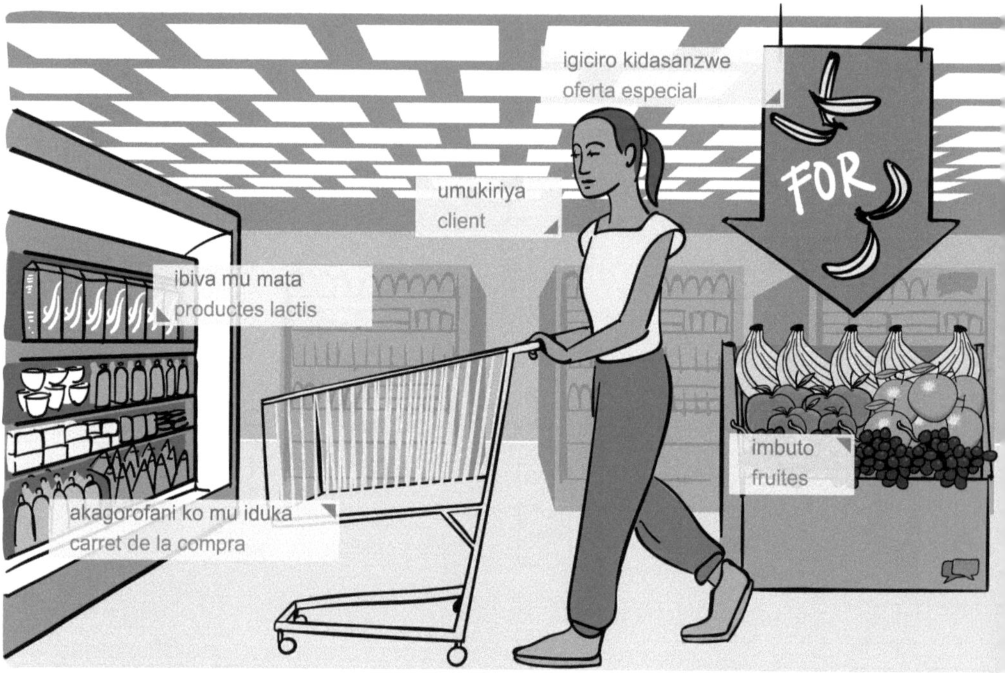

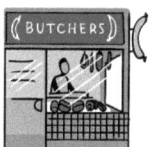

busheri

carnisseria

BAKERY

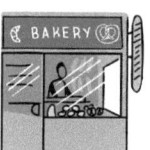

buranjeri

forn de pa

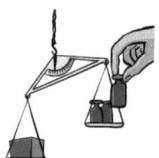

gupima ibiro

pesar

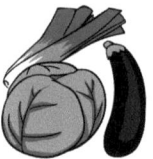

imboga

verdures

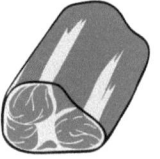

inyama

carn

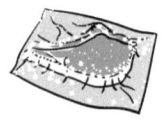

ibiryo bakonjesheje

menjar congelat

inyama zikonje

carn freda

ibiryo byo mu makopo

conserves

isabune y'ifu

detergent en pols

bombo

dolços

ibikoresho byo mu rugo

articles domèstics

imiti isukura

productes de neteja

umucuruzikazi

venedora

kukesa

caixa registradora

umubitsi

caixera

urutonde rwo guhaha

llista de la compra

amasaha haba hafunguye

horari d'obertura

ipotomoni

portamonedes

ikarita ya banki

carta de crèdit

umufuka

bossa

imifuko ya pulasitike

bossa de plàstic

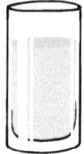

amazi

aigua

umutobe

suc

amata

llet

koka

coca-cola

divayi

vi

byeri

cervesa

inzoga

alcohol

shokora ishyushye

cacau

icyayi

te

ikawa

cafè

ikawa ya esipereso

espresso

kapucino

cappuccino

umuneke

banana

pome

poma

icunga

taronja

wotameloni

síndria

indimu

llimona

karoti

pastanaga

tungurusumu

all

umugano

bambú

urutunguru

ceba

icyoba

bolet

ubunyobwa

avellanes

amakaroni

fideus

spageti

espaguetis

umuceri

arròs

salade

amanida

udufiriti

patates fregides

ibirayi by'ifiriti

patates fregides

piza

pizza

hamburugeri

hamburguesa

sanduwici

entrepà

escalope

escalopa

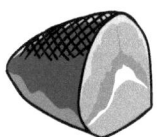

jambo

cuixot

salami

salami

sosiso

salsitxa

inkoko

pollastre

kotsa

rostit

ifi

peix

igikoma cy'uburo

flocs de civada

pisitashi

musli

impeke

cereals

ifu

farina

kuruwasa

croissant

amandazi

panet

umugati

pa

umugati wumishijwe

torrada

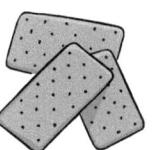

ibisuguti

bescuits

amavuta

mantega

forumaje year

mató

keke

pastís

igi

ou

umureti

ou fregit

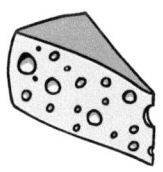

forumaje

formatge

ibiribwa - menjar

ayisikirimu

gelat

isukari

sucre

ubuki

mel

konfitire

melmelada

shokora

crema de xocolata

kiri

curri

ifamu
granja

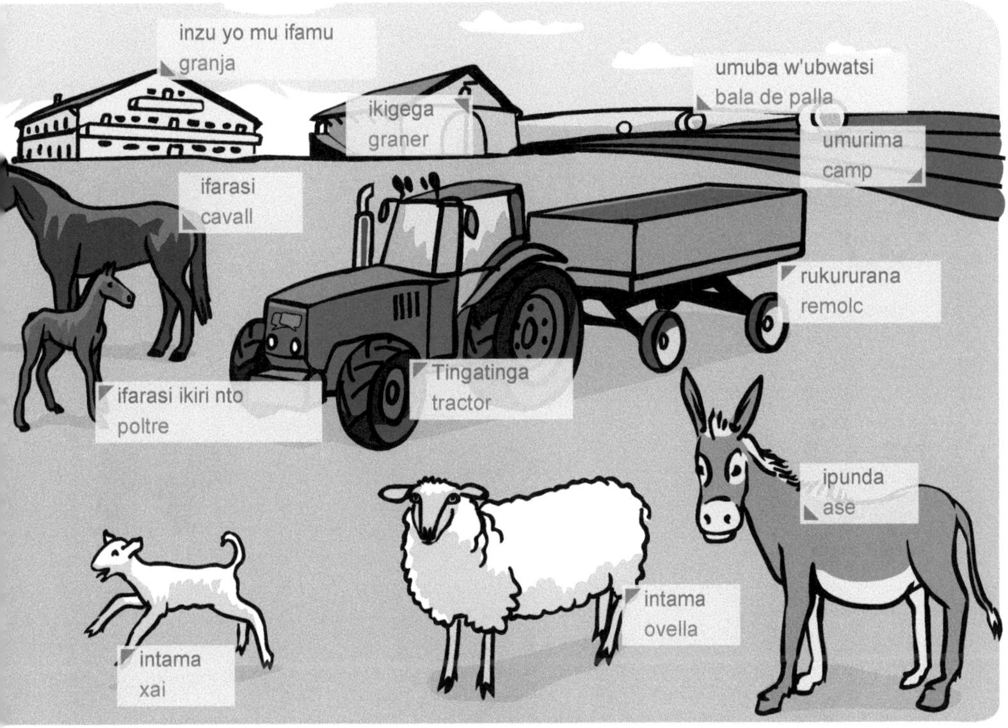

inzu yo mu ifamu
granja
ikigega
graner
umuba w'ubwatsi
bala de palla
umurima
camp
ifarasi
cavall
rukururana
remolc
ifarasi ikiri nto
poltre
Tingatinga
tractor
ipunda
ase
intama
ovella
intama
xai

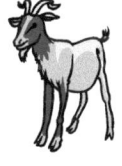

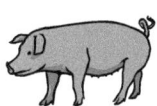

ihene

cabra

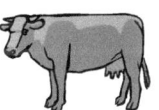

inka

vaca

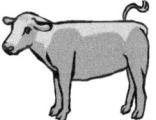

umutavu

vedella

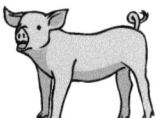

ingurube

porc

ikibwana k'ingurube

garrí

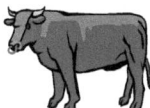

ikimasa

bou

igishuhe

oca

imbata

ànec

umushwi

poll

inkokokazi

gall

isake

gallina

imbeba

rata

injangwe

gat

imbeba

ratolí

ikimasa

bou

imbwa

gos

ikiruka

gossera

itiyo ijyana mu karima

mànega de regar

arozuwari

regadora

najuru

dalla

imashini ihinga

arada

najuru

falç

isuka

aixada

rato

forca

ishoka

destral

ingorofani

carretó

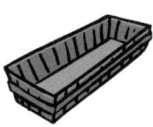

ikibumbiro

abeurador

inkongoro

lletera

igunira

sac

urugo

tanca

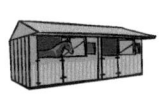

ikiraro

establa

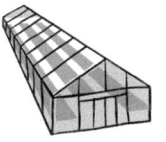

inzu ihingwamo

hivernacle

ubutaka

sòl

imbuto zo gutera

llavor

ifumbire

adob

imashini isarura

collidora

ifamu - granja

29

gusarura

collir

umusaruro

collita

ibikoro

nyam

ingano

blat

soya

soja

ikirayi

patata

ikigori

blat de moro o d'indi

umwayi weze

colza

igiti k'imbuto

arbre fruiter

umwumbati

mandioca

impeke

cereals

inzu
casa

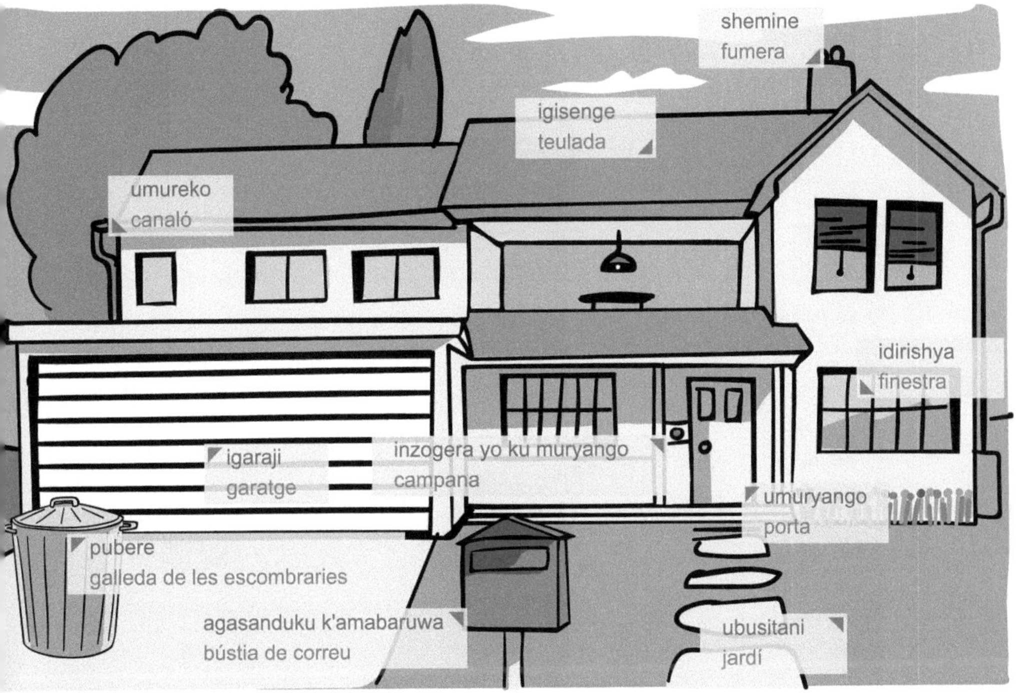

shemine
fumera
igisenge
teulada
umureko
canaló
idirishya
finestra
igaraji
garatge
inzogera yo ku muryango
campana
umuryango
porta
pubere
galleda de les escombraries
agasanduku k'amabaruwa
bústia de correu
ubusitani
jardí

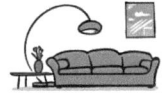

icyumba cy'uruganiriro

sala d'estar

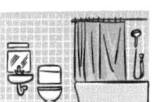

ubwogero

bany

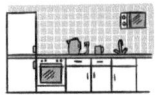

igikoni

cuina

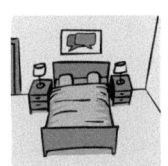

icyumba cyo kuraramo

cambra de dormir

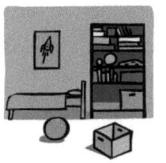

icyumba cy'abana

cambra de nen

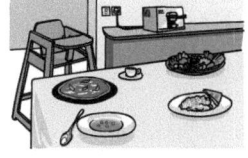

uburiro

menjador

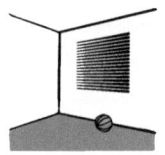

hasi
sòl

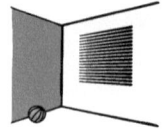

urukuta
paret

purafo
sostre

kave
soterrani

sawuna
sauna

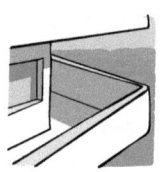

urubaraza
balcó

ku rubaraza
terrassa

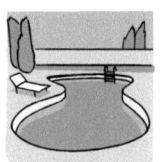

pisine
piscina

imashini ikupakupa
tallagespa

umwenda utwikira
vànova

kuvureri
cobrellit

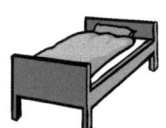

igitanda
llit

umweyo
escombra

indobo
galleda

enteributeri
interruptor

icyumba cy'uruganiriro

sala d'estar

urupapuro rwomekwa ku rukuta
paper de paret
ifoto
quadre
itara
làmpada
etajere
prestatge
akabati
armari
televiziyo
televisor
shemine
escalfapanxes
indabo
flor
umusego
coixí
ifoteyi nini
sofà
icyungo k'indabo
gerro
terekomande
telecomanda

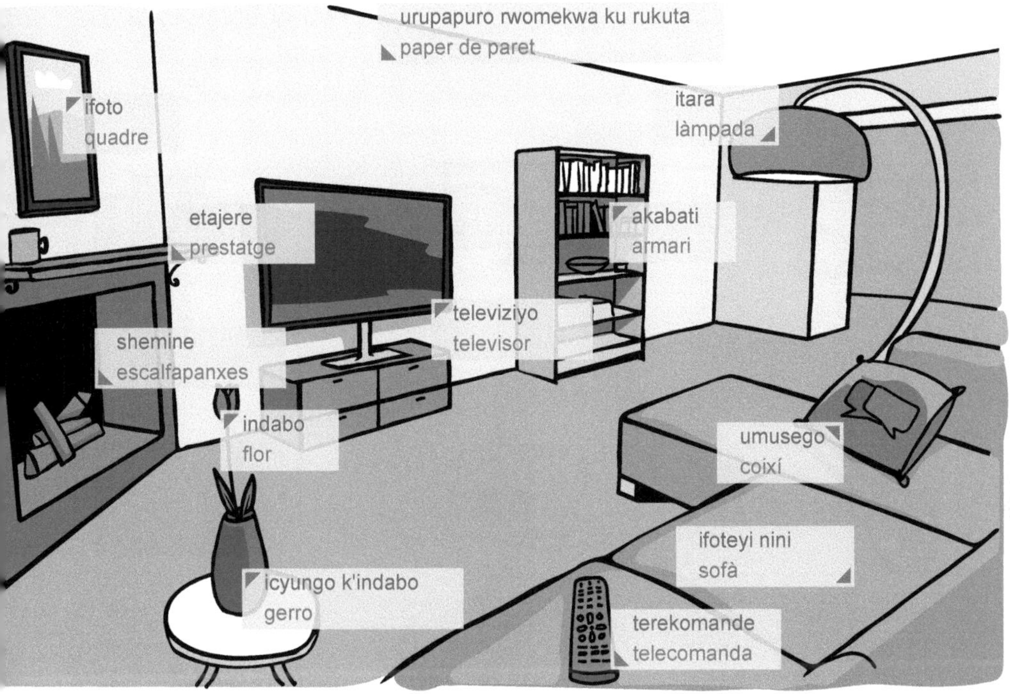

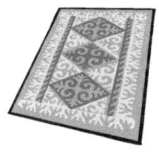

itapi

catifa

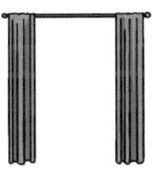

rido

cortina

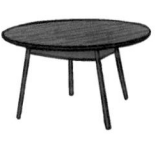

ameza

taula

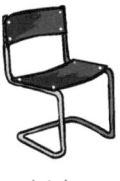

intebe

cadira

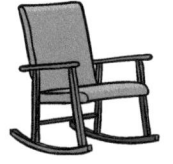

intebe yizengurutsa

cadira gronxadora

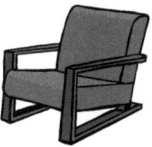

ifoteyi

cadiral

igitabo

llibre

uburingiti

llençol

umutako

decoració

inkwi

llenya

filimi

film

ibikoresho bya hifi

cadena de música

urufunguzo

clau

ikinyamakuru

diari

ishusho

pintura

icyapa

cartell

iradiyo

ràdio

ikarine

bloc de notes

umweyo wa kizungu
ukoresha umwka

aspiradora

ikimungu

cactus

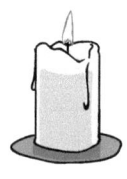

buji

candela

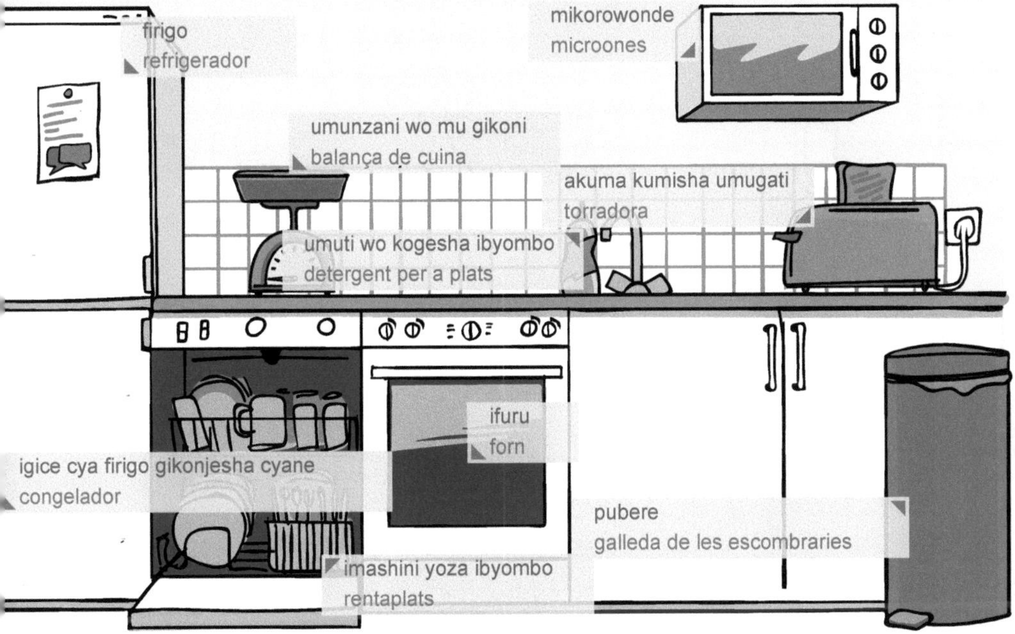

firigo
refrigerador

mikorowonde
microones

umunzani wo mu gikoni
balança de cuina

akuma kumisha umugati
torradora

umuti wo kogesha ibyombo
detergent per a plats

ifuru
forn

igice cya firigo gikonjesha cyane
congelador

pubere
galleda de les escombraries

imashini yoza ibyombo
rentaplats

iziko

cuina de fogons

icyungo

olla

inkono y'icyuma

olla de ferro colat

ipanu ifukuye cyane

wok / karahi

ipanu

paella

ibirika

bullidor

isafuriya ya peresiyo

olla de vapor

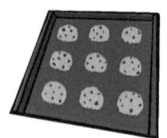

isahani yo mu ifuru

plata de forn

ibyombo

vaixella

igikombe

tassa grossa

isorori

bol

uduti abashinwa barisha

bastonets xinesos

ikiyiko kigabura

culler

Ikiyiko cyarura ifiriti

espàtula

umutozo

batedor

paswari

colador

akayunguruzo

sedàs

agaharuzo ka karoti

ratllador

isekuru

morter

icyokezo

barbacoa

shomine

foc a terra

akabaho ko gukatiraho
imboga
....
taula de tallar

umwuko
....
corró

urufunguzo rwa divayi
....
llevataps

agakopo
....
pot de conserva

urufunguzo rw'amakopo
....
obridor

umukondo w'icyungo
....
agafador

ravabo
....
aigüera

uburoso
....
raspall

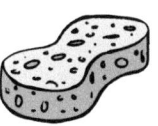

iponji
....
esponja

mixer
....
batedora

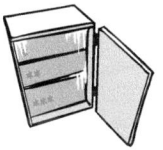

firigo itambitse
....
congelador

bibero
....
biberó

robine
....
aixeta

ubwogero
bany

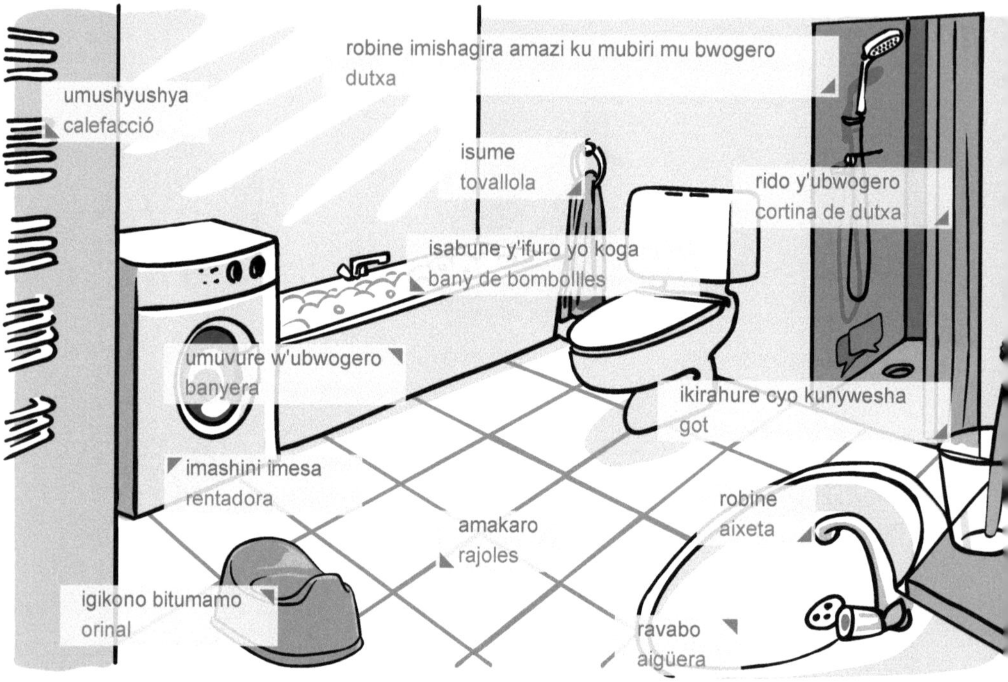

robine imishagira amazi ku mubiri mu bwogero
dutxa
umushyushya
calefacció
isume
tovallola
rido y'ubwogero
cortina de dutxa
isabune y'ifuro yo koga
bany de bombolles
umuvure w'ubwogero
banyera
ikirahure cyo kunywesha
got
imashini imesa
rentadora
robine
aixeta
amakaro
rajoles
igikono bitumamo
orinal
ravabo
aigüera

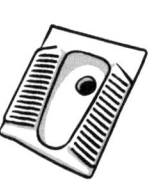

ubwiherero

lavabo

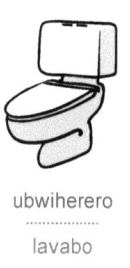

umusarani wo gusutama

lavabo turc

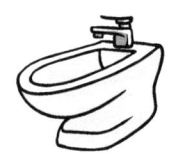

igikono cy'ubwiherero bwo mu nzu

bidet

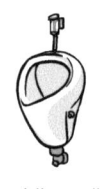

aho bihagarika

orinador

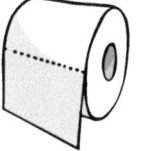

papiyejenike

paper higiènic

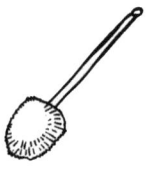

uburoso bwo mu bwiherero

escombreta de sanitari

uburoso bw'amenyo
raspall de dents

korogati
pasta de dents

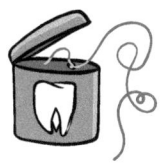

akagozi ko kwihaganyuza
amenyo
fil dental

gukaraba
rentar

akamishagira amazi ku
mubiri bafata mu ntoki
pom de dutxa

ubwogero bw'amazi yisuka
dutxa íntima

abo bakarabiramo intoki
rentamans

uburoso bwo kwitsiritisha
mu mugongo
raspall per a l'esquena

isabune
sabó

sabune yo mu bwogero
gel de dutxa

isabune yo kumeshesha
umusatsi
xampú

icyangwe cyo kwiyuhagiza
manyopla de bany

uyobora amazi yanduye
bonera

ikimuri
crema

umubavu
desodorant

ikirori cyo mu ntoki

mirall

ikirori cyo mu ntoki

mirall-espill de mà

urwembe

maquineta de rasar

ifuro ryo kurinda imiburu

espuma de barbejar

umuti ukingira imiburu

lociό post-rasada

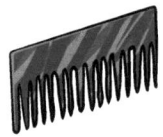

igisokozo

pinta

uburoso

raspall

imashini yumisha umusatsi

eixugador

amarashi y'umusatsi

laca

igishahuro cyo kwitera

maquillatge

rujalevure

pintallavis

verini y'inzara

esmalt d'ungles

ipamba

cotό

agasena inzara

tallaungles

umubavu

perfum

agafuka k'ibikoresho byo
mu bwogero
....
estoig de bellesa

intebe
....
tamboret

umunzani
....
bàscula

ikanzu yo kujyana mu
bwogero
....
barnús

udupfukantoki two
gusukuza
....
guants de goma

urubindo
....
compresa higiènica

udupapuro two
wihanaguza mu bwiherero
....
compresa

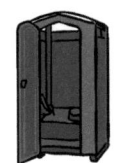

ubwiherero bwimukanwa
....
sanitari químic

icyumba cy'abana

cambra de nen

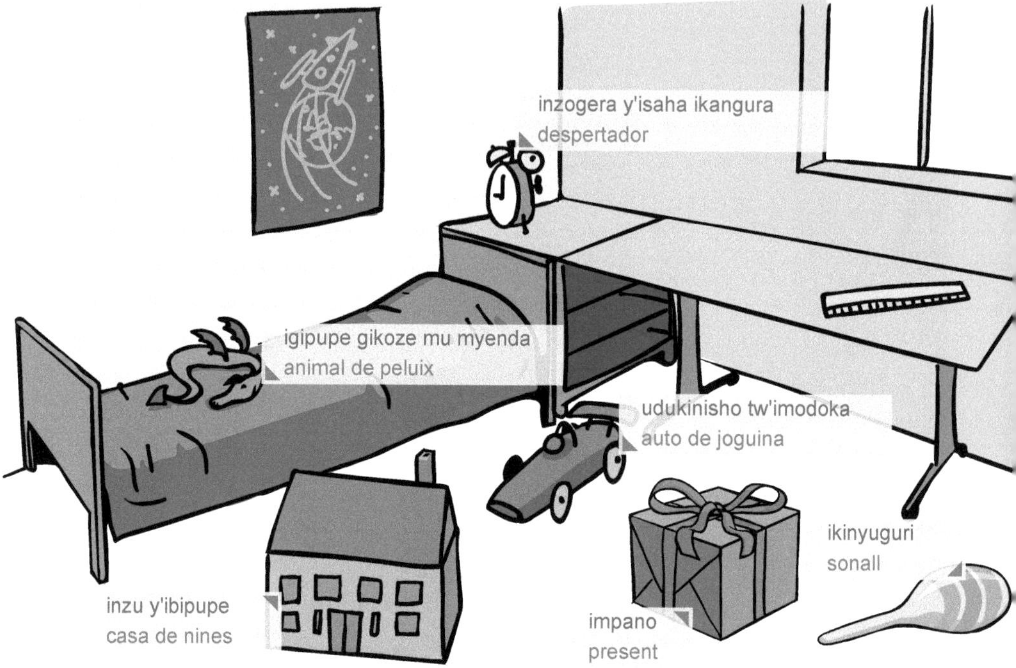

inzogera y'isaha ikangura
despertador
igipupe gikoze mu myenda
animal de peluix
udukinisho tw'imodoka
auto de joguina
ikinyuguri
sonall
inzu y'ibipupe
casa de nines
impano
present

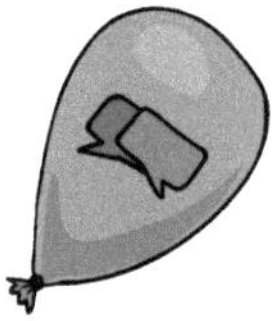

ballon

baló

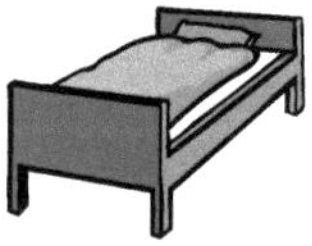

igitanda

llit

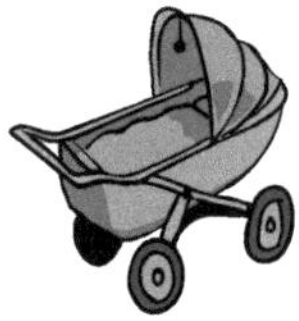

agapusipusi

cotxet per a nens

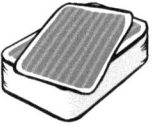

amakarita

joc de cartes

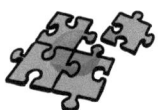

kubaka ishusho bacagaguye

trencaclosca

SUPER MEGA

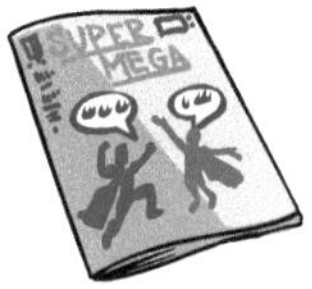

inkuru isetsa

historieta

gucomekanya udutafari

peces de lego

udutafari tw'udukinisho

peces de construcció

igikinisho

ninot d'acció

ipinjama y'uruhinja

granota

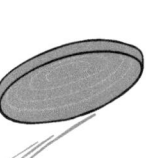

gutera indege

frisbee

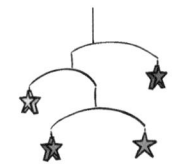

terefoni ngendanwa

mòbil per a bressol

imikino yo kuganiriraho

joc de taula

igisoro

daus

gariyamoshi y'igikinisho

tren elèctric

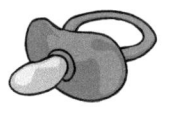

ikinyonyo

xumet

umunsi mukuru

festa

arubumu

llibre de dibuixos

umupira

pilota

agapupe

nina

gukina

jugar

igikarito cy'umucanga

sorrera

urwicundo

gronxador

ibikinisho

joguines

agasanduku k'imikino yo
kuri videwo

consola de jocs de vídeo

akagare k'imipine itatu

tricicle

igipupe k'ibyoya

osset de peluix

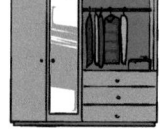

akabati k'imyenda

armari

imyambaro

roba

amasogisi

mitjons

amasogisi afatanye n'ikariso

mitges

kora

mitja pantaló

akitero
tapacoll

umutaka
paraigua

umukandara
cintura

agapira ko hejuru
camiseta

bote
botes

inkweto zo kubyukana
plantofes

superese
sabates d'esport

isandari
sandàlies

inkweto
sabates

bote za kawucu
botes de goma

imyenda y'imbere
calçonets

isutiye
sostenidor

isengeri
guardapits

body
jjustacòs

ipantalo
pantalons

ikoboyi
jeans

ijipo
faldeta

ishati y'abagore
brusa

ishati
camisa

umupira w'imbeho
jersei

umupira w'ingofero
dessuadora

agakoti
blazer

ijaketi
jaqueta

ikoti
mantell

ikoti ry'imvura
impermeable

umwambaro w'ibikino
vestit de dona

ikanzu
vestit de dona

ikanzu y'abageni
vestit de núvia

kostitimu

vestit d'home

ikanzu yo kurarana

camisa de dormir

ipinjama

pijama

nukenyero w'abahindikazi

sari

igitambaro cyo mu mutwe

mocador de cap

urugori

turbant

umwitandiro uhisha isura

burca

ikanzu ndende

caftan

igishura

abaia

imyenda yo
kwidumbaguzanya

vestit de bany

ikariso yo
kwidumbaguzanya

calçon(et)s de bany

ikabutura

pantalons curts

tereningi

xandall

itaburiya

davantal

udupfukantoki

guants

igipesu

botó

amadarubindi

ulleres

igikomo

braçalet

umukufi

collaret

impeta

anell

iherena

orellera

ingofero

casquet

porutemanto

penjador

ingofero

capell

karuvati

corbata

imashini yo ku mwenda

cremallera

kasike

casc

amaburuteri

elàstics

umwambaro w'ishuri

uniforme escolar

impuzankano

uniforme

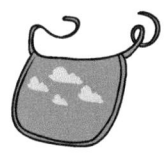

agakingirankonda

pitet

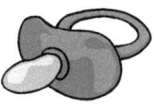

ikinyonyo

xumet

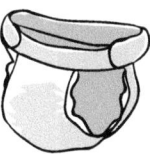

amaranje

bolquer

ibiro

oficina

seriveri
servidor
akabati k'impapuro
armari arxivador
empirimante
impressora
urupapuro
paper
ekara
monitor
suri
ratolí
ameza yo kwandikiraho
escriptori
karaseri
arxivador
karaviye
teclat
pubere
paperera
mudasobwa
ordinador
intebe
cadira

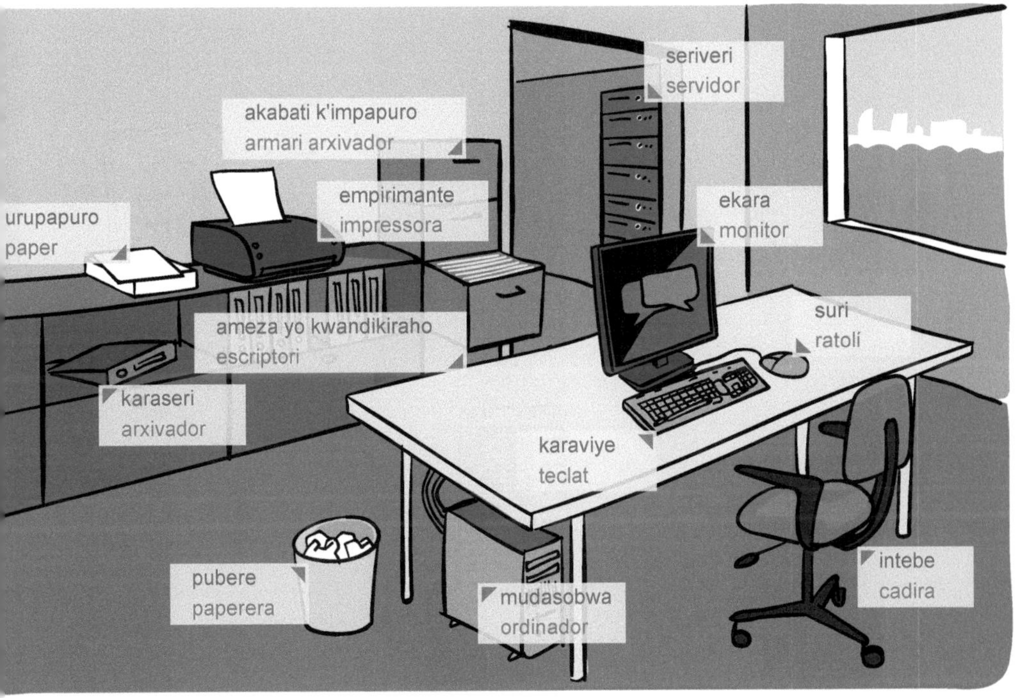

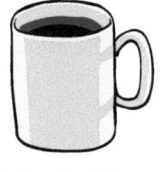

igikombe k'ikawa

tassa de cafè

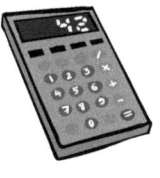

akabarisho

calculadora

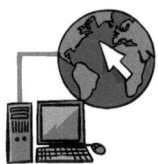

enterineti

Internet

laputopu
ordinador portàtil

ibaruwa
lletra

ubutumwa
missatge

ngendanwa
mòbil

netiwake
xarxa

fotokopiyeze
fotocopiadora

porogaramu
programari

telefoni
telèfon

purize
presa de corrent

imashini yohereza fagisi
fax

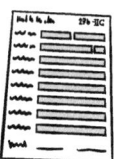

fomu
formulari

inyandiko
document

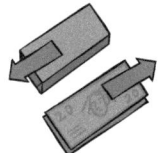

kugura
....
comprar

kwishyura
....
pagar

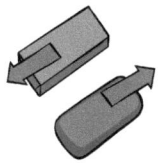

gucuruza
....
comerciar

amafaranga
....
diners

idorari
....
dòlar

iyero
....
euro

iyeni
....
ien

irubure
....
ruble

ifaranga ry'irisuwisi
....
franc suís

iriyuwani
....
renminbi

irupi
....
rupia

icyuma cya banki
babikurizaho
....
caixa automàtica

ku muvunjayi

oficina de canvi

zahabu

or

feza

argent

peteroli

petroli

ingufu z'amashanyarazi

energia

igiciro

preu

kontaro

contracte

tagisi

impost

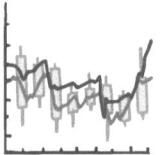

isoko ryo kugura no kugurisha

acció

gukora

treballar

umukozi

treballador

umukoresha

empresari

uruganda

fàbrica

iduka

botiga

imirimo
oficis

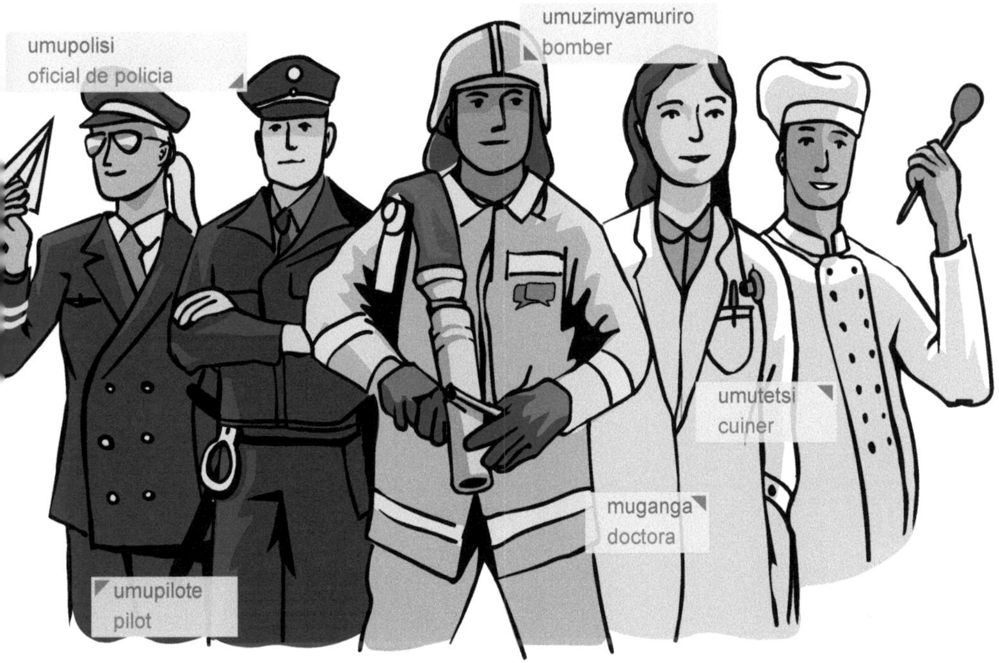
umupolisi
oficial de policia
umuzimyamuriro
bomber
umutetsi
cuiner
muganga
doctora
umupilote
pilot

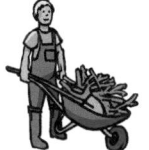

umujaridiniye

jardiner

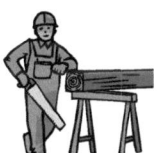

umubaji

fuster

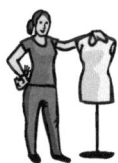

umudozi

costurera

umucamanza

jutge

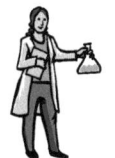

umunyabutabire

química

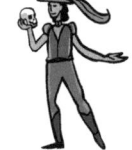

umukinnyi wa filimi

actor

umushoferi wa bisi

conductor d'autobús

umushoferi wa tagisi

taxista

umurobyi

pescador

umugore ushinzwe gukora
isuku

dona de la neteja

umufundi usakara

ensostrador

umuseriveri

cambrer

umuhigi

caçador

umuntu usiga irangi

pintor

Umuntu ukora imigati

forner

Umuntu ukora mu
mashanyarazi

electricista

umufundi

obrer de la construcció

injenyeri

enginyer

umubazi

carnisser

umutnu ukora mu mazi

llanterner

umuparanto

correu

umusirikare

soldat

umwubatsi

arquitecte

umubitsi

caixera

untu ukora mu by'indabo

florista

kimyozi

perruquer

komvuwayeri

revisor

umukanishi

mecànic

kapiteni

capità

muganga w'amenyo

dentista

umuhanga muri siyansi

científic

rabi

rabí

imamu

imam

umumwane

monjo

umuyobozi w'idini

capellà

ibikoresho

eines

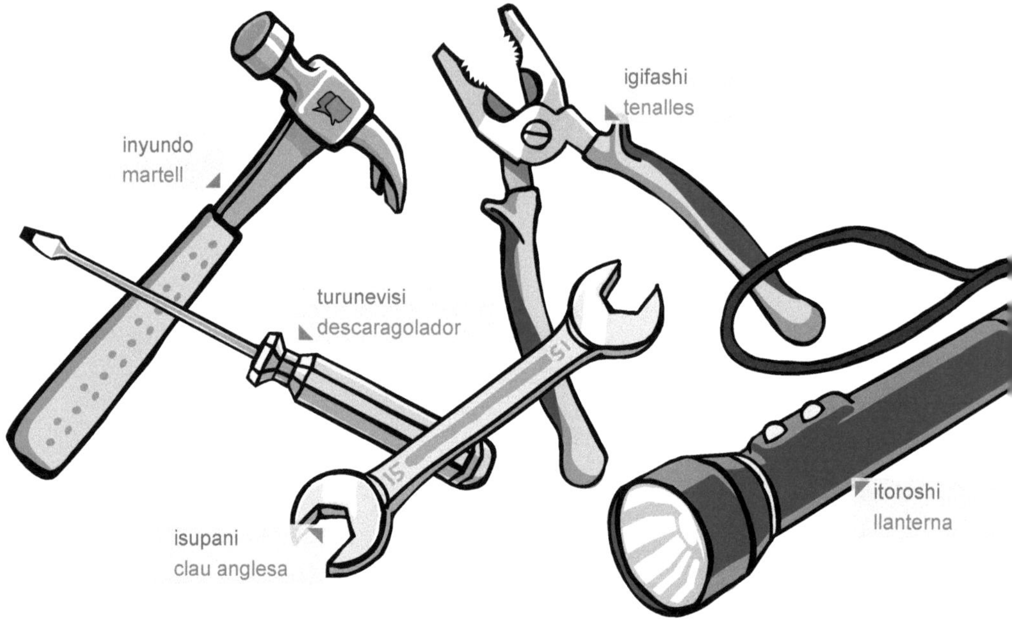

inyundo
martell
igifashi
tenalles
turunevisi
descaragolador
isupani
clau anglesa
itoroshi
llanterna

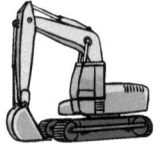

ipiki

excavadora

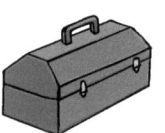

isanduku y'ibikoresho

caixa d'eines

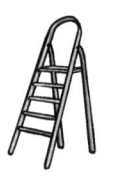

urwego

escala

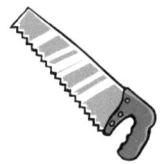

urukero

serra

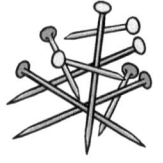

imisumari

claus

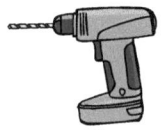

itindo

trepant

gusana

reparar

igitiyo

pala

wo gacwa we

Maleït siga!

igitiyo

pala

igikombe k'irangi

pot de pintura

amavisi

caragols

ibyuma by'umuziki
instrument de música

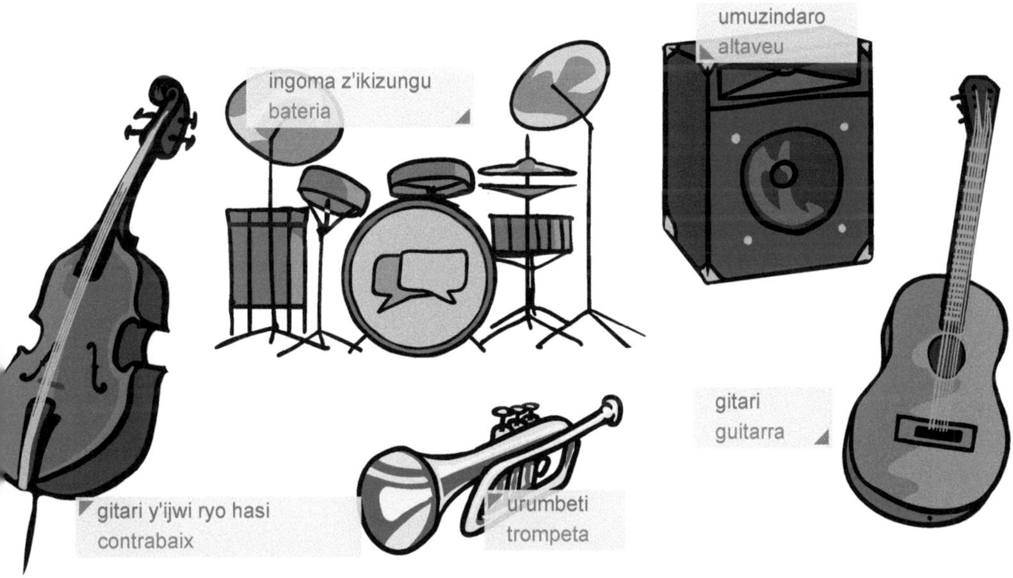

ingoma z'ikizungu
bateria

umuzindaro
altaveu

gitari
guitarra

gitari y'ijwi ryo hasi
contrabaix

urumbeti
trompeta

piyano

piano

iningiri

violí

gitari idunda

baix

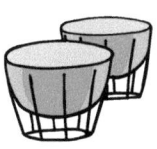

sembare

timbal

ingoma

tambor

inanga ya kizungu

teclat

sagisofone

saxofon

umwirongi

flauta

indangururamajwi

micròfon

umuryango
entrada

igitaragwe
tigre

ikibuti
gàbia

imparage
zebra

ibiryo by'amatungo
aliment per a animals

panda
ós panda

inyamaswa

animals

inzovu

elefant

kanguru

cangurú

inkura

rinoceront

ingagi

goril·la

idubu

ós

ingamiya

camell

imbuni

estruç

intare

lleó

inguge

simi

uruyongoyongo

flamenc

gasuku

papagai

idubu yo mu bukonie

ós polar

inyoni yo ku mazi

pingüí

igifi kinini

ca mari

inyoni y'amasunzu

paó

inzoka

serp

ingona

cocodril

umurinzi

guardià del zoo

umuhuri

foca

ingwe

jaguar

icyana k'ifarasi

poni

ingwe

lleopard

imvubu

hipopòtam

umusumbarembo

girafa

inkona

àliga

isatura

senglar

ifi

peix

akanyamasyo

tortuga

igifi k'imikaka

morsa

umuhari

guineu

isha

gasela

zoo - zoo

61

Futuboro y'abanyamerika
futbol americà

gusiganwa ku magare
ciclisme

tenisi
tenis

Basiketi
bàsquet

umukino wo koga
natació

umukino w'amakofe
boxa

Hoke yo ku rubura
hoquei sobre gel

umupira w'amaguru
futbol americà

umukino wa badminton
bàdminton

abakina imikino
ngororamubiri
atletisme

handibolo
handbol

gusererka kuri neje
esquí

polo
polo

guseka
riure

gusimbuka
saltar

guhobera
abraçar

kugenda
anar

kuririmba
cantar

kurota
somiar

gusenga
pregar

gusomana
fer un petó

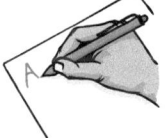

kwandika

escriure

gushushanya

dibuixar

kwerekana

mostrar

gusunika

pitjar

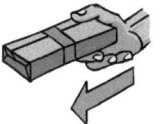

gutanga

donar

gufata

prendre

kugira

tenir

gukora

fer

kuba

ésser

guhaguruka

estar dret

kwiruka

córrer

gukurura

estirar

kujugunya

llançar

kugwa

caure

kuryama

jeure

gutegereza

esperar

kwikorera

portar

kwicara

asseure's

kwambara

vestir-se

gusinzira

dormir

gukanguka

despertar-se

kureba

mirar

kurira

plorar

kwagaza

amoixar

gusokoza

pentinar

kuvuga

parlar

gusobanukirwa

comprendre

kubaza

demanar

kumva

escoltar

kunywa

beure

kurya

menjar

gushyira ku murongo

endreçar

gukunda

estimar

guteka

cuinar

gutwara imodoka

conduir

kuguruka

volar

kugashya

navegar

kubara

calcular

gusoma

llegir

kwiga

aprendre

gukora

treballar

kurongora

casar-se

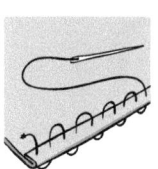

kudoda

cosir

uburoso bw'amenyo

raspallar-se les dents

kwica

matar

kunywa itabi

fumar

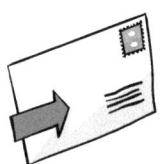

kohereza

enviar

nyogokuru
àvia

sogokuru
avi

papa
pare

mama
mare

uruhinja
nadò

umwana w'umukobwa
filla

umwana w'umuhungu
fill

umushyitsi

convidat

masenge

tia

marume

oncle

musaza wange

germà

mushiki wange

germana

umubiri

cos

agahanga k'imbere
front
ijisho
ull
urutugu
espatlla
urutoki
dit
isura
cara
akananwa
barbeta
ikiganza
mà
ukuguru
cama
ibere
pit
ukuboko
braç

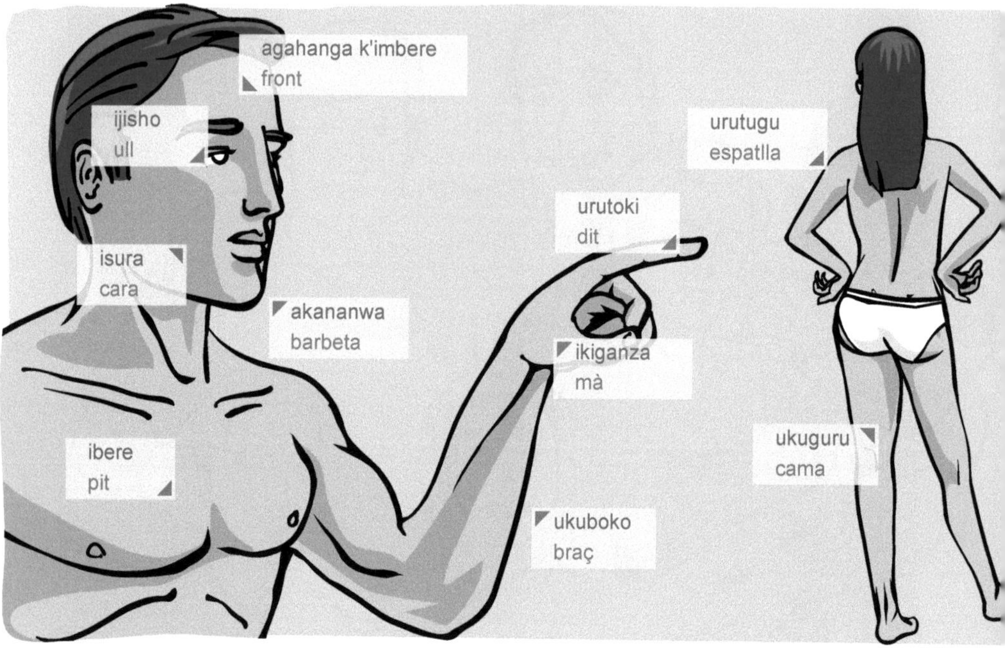

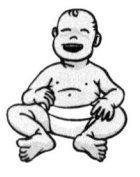

uruhinja

nadó

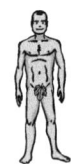

umugabo

home

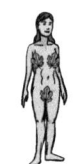

umugore

dona

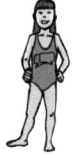

umukobwa

noia

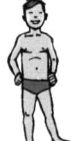

umuhungu

noi

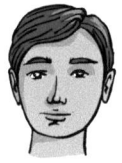

umutwe

cap

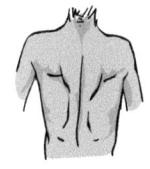

umugongo

esquena

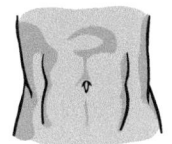

inda

panxa

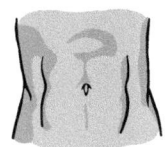

umukondo

melic

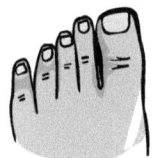

ino

dit gros del peu

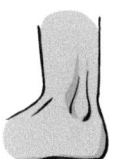

agatsinsino

taló

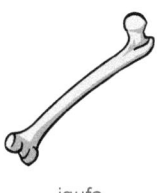

igufa

os

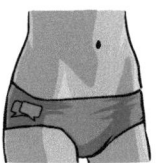

amayunguyungu

maluc

ivi

genoll

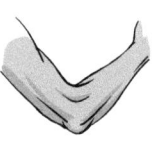

inkokora

colze

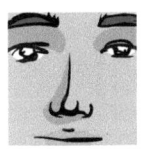

izuru

nas

ikibuno

cul

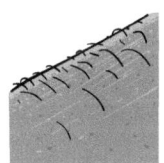

uruhu

pell

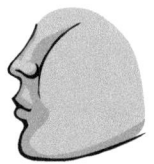

itama

galta

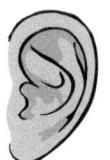

ugutwi

orella

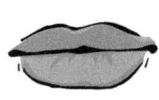

umunwa

llavi

mu munwa

boca

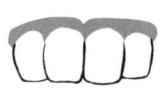

iryinyo

dent

ururimi

llengua

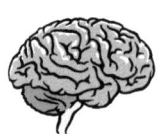

ubwonko

cervell

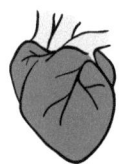

umutima

cor

umutsi

múscul

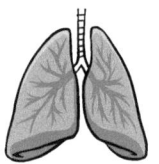

ibihaha

pulmó

umwijima

fetge

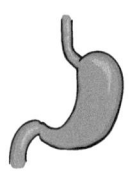

igifu

estómac

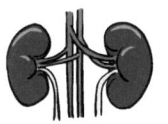

impyiko

ronyó

igitsina

relació sexual

agakingirizo

preservatiu

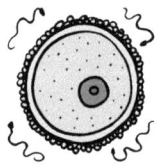

intanga

ovari

amasohoro

semen

gusama inda

prenyat

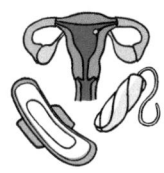

imihango
menstruació

igituba
vagina

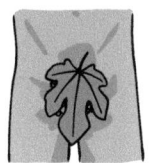

imboro
penis

ibitsike
cella

umusatsi
cabells

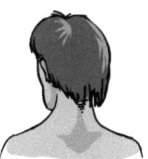

ijosi
coll

ibitaro
hospital

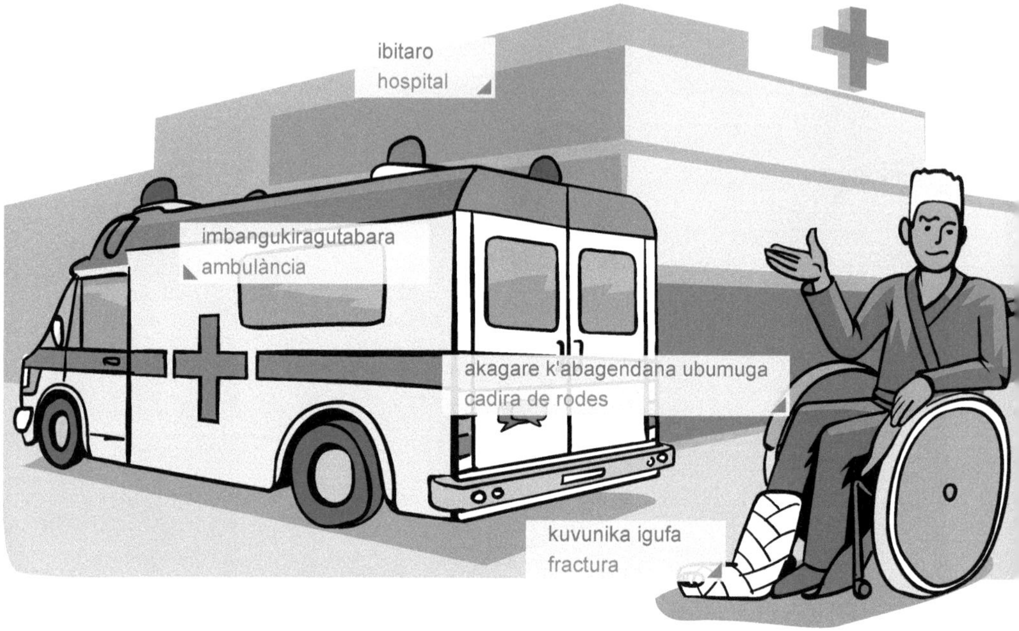

ibitaro
hospital
imbangukiragutabara
ambulància
akagare k'abagendana ubumuga
cadira de rodes
kuvunika igufa
fractura

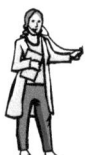

muganga

doctora

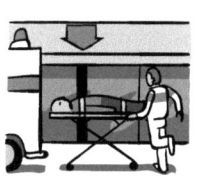

icyumba k'indembe

sala d'urgències

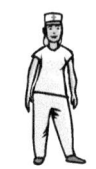

umuforomo kazi

infermera

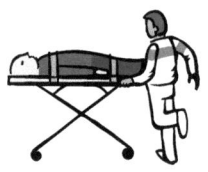

mu ndembe

urgència

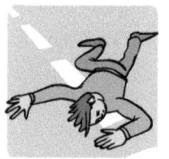

guta ubwenge

inconscient

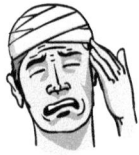

ububabare

dolor

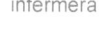

igikomere

ferida

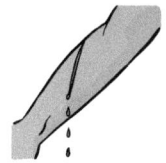

kuva amaraso

sagnament

gufatwa n'umutima

atac de cor

kuziba k'udutsi two mu bwonko

apoplexia

kwivumbura k'umubiri

al·lèrgia

inkorora

tos

umuriro

febre

ibicurane

gripa

impiswi

diarrea

kurwara umutwe

mal de cap

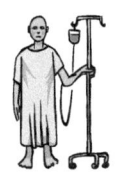

kanseri

càncer

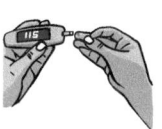

diyabete

diabetis

muganga ubaga

cirurgià

icyuma kibaga umurwayi

escalpel

kubagwa

operació

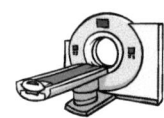

ifoto yo mu cyuma
....
tomografia computada (TC),
TAC

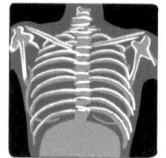

radiyo
....
raigs x

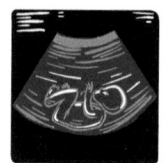

isuzuma rikoresha amajwi
....
ultrasò

agapfukamunwa
....
mascareta

indwara
....
malaltia

icyumba bategererezamo
....
sala d'espera

imbago yo kwicumba
....
crossa

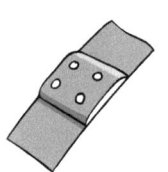

pasema
....
tireta

igipfuko
....
embenat

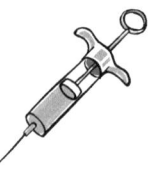

urushinge
....
injecció

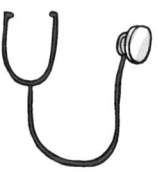

igipimo cy'umutima
....
estetoscopi

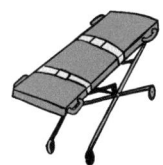

burankari
....
llitera

igipimo cy'umuriro
....
termòmetre clinic

ivuka
....
pariment

umubyibuho ukabije
....
sobrepès

unganirangingo y'amatwi

aparell auditiu

umuti wica mikorobe

desinfectant

ubwandu

infecció

virusi

virus

Virusi itera sida / Sida

VIH / SIDA

ubuganga

medicina

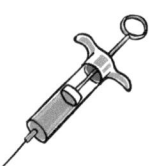

gukingira

vaccí

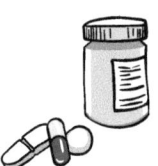

ibinini

comprimits

ikinini

píl·lola

guhamagara byihutirwa

trucada d'urgència

igenzura ry'umuvuduko
w'amaraso

tensiòmetre

urwaye / ufite amagara
meza

malalt / sà

Ntabara!

Socors!

inzogera itabaza

alarma

gusagarira

assalt

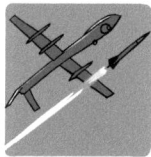

igitero

atac

icyateza amakuba

perill

umuryango unyuramo ukiza amagara

sortida-eixida d'urgència

Inkongi!

Foc!

ikizimyamuriro

extintor

impanuka

accident

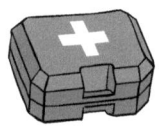

ibikoresho by'ubutabazi bw'ibanze

farmaciola de primers auxilis

induru itabaza

SOS

polisi

policia

Uburayi

Europa

Amerika y'Amajyaruguru

Amèrica del Nord

Amerika y'Amagepfo

Amèrica del Sud

Afurika

Àfrica

Aziya

Àsia

Ositarariya

Austràlia

Atalantika

Atlàntic

Oasifika

Pacífic

Inyanja y'Abahinde

Oceà Índic

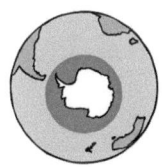

Inyanja y'Antagitika

Oceà Antàrtic

Inyanja y'Arigitika

Oceà Àrtic

Amajyaruguru y'Isi

pol nord

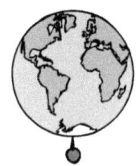

Amagepfo y'Isi
....
pol sud

Antaragitika
....
Antàrtida

Isi
....
terra

ubutaka
....
país

ikiyaga
....
mar

ikirwa
....
illa

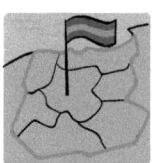

igihugu
....
nació

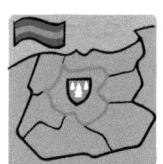

leta
....
estat

kadere y'isaha

quadrant

urushinge rw'amasaha

agulla de les hores

urushinge rw'iminota

agulla dels minuts

ushinge rw'amasegonda

agulla dels segons

ni isaha ki?

Quina hora és?

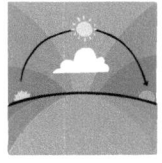

umunsi

dia

igihe

temps

nonaha

ara

isaha y'imibare

rellotge digital

iminota

minut

amasaha

hora

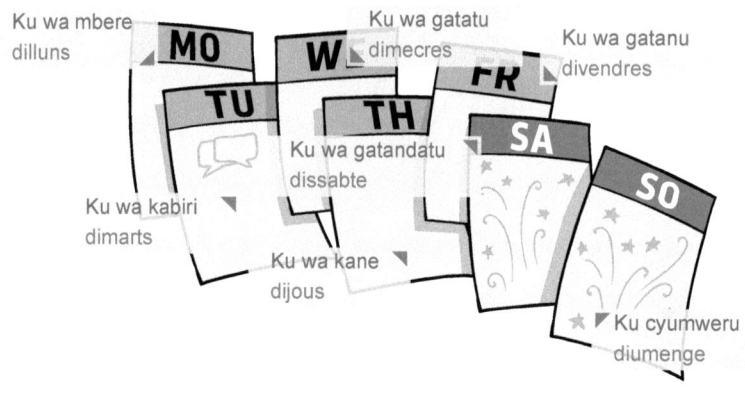

Ku wa mbere
dilluns

Ku wa gatatu
dimecres

Ku wa gatanu
divendres

Ku wa kabiri
dimarts

Ku wa gatandatu
dissabte

Ku wa kane
dijous

Ku cyumweru
diumenge

ejo hashize

ahir

avui

ejo hazaza

demà

igitondo

matí

saa sita

migdia

ku mugoroba

tarda

iminsi y'akazi

dia feiner

wikendi

cap de setmana

umwaka
any

umukororombya
arc de Sant Martí
imvura
pluja
neje
neu
umuyaga
vent
urugaryi
primavera
umuhindo
tardor
iki
estiu
igihe cy'ubukonje
hivern

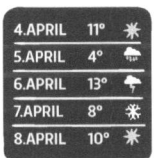

4.APRIL 11°
5.APRIL 4°
6.APRIL 13°
7.APRIL 8°
8.APRIL 10°

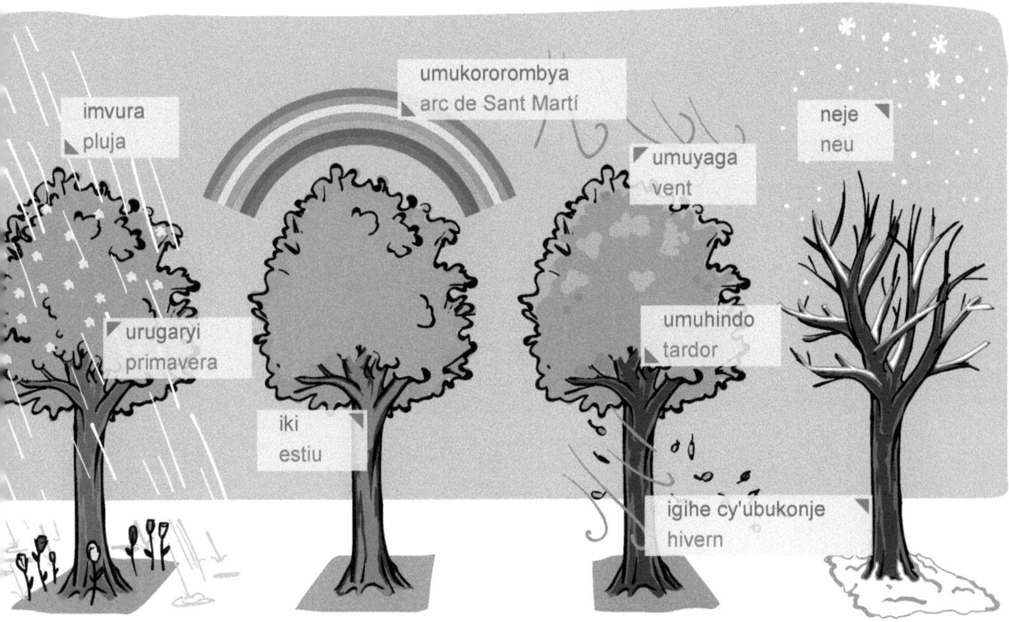

iteganyagihe

pronòstic del temps

F
C
120
90
60
30
0
-30
40
30
20
10
0
-10
-20

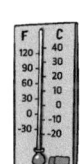

igipimo cy'ubushyuhe

termòmetre

izuba rirashe

llum del sol

ibicu

núvol

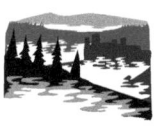

ibihu

boira

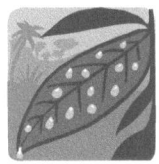

ububobere

humiditat de l'aire

umurabyo

llamp

inkuba

tro

umuhengeri

tempesta

urubura

calamarsa

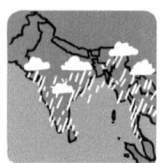

imiyaga ihuha iturutse mu
nyanja

monsó

umwuzure

inundació

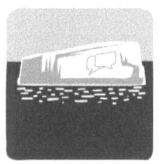

barafu

gel

Mutarama

gener

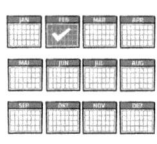

Gshyantare

febrer

Werurwe

març

Mata

abril

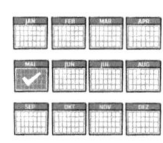

Gicurasi

maig

Kamena

juny

Nyakanga

juliol

Kanama

agost

umwaka - any

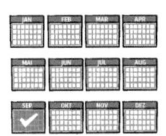

Nzeri

setembre

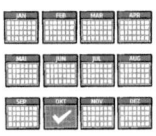

Ukwakira

octubre

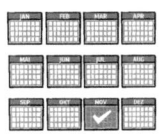

Ugushyingo

novembre

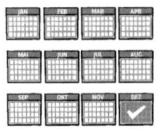

Ukuboza

desembre

amaforoma
formes

uruziga

cercle

mpandenye

quadrat

urukiramende

rectangle

mpandeshatu

triangle

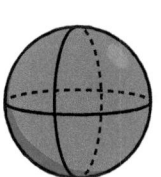

umubumbe

esfera

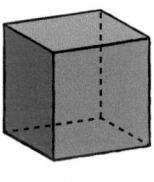

kibe

cub

umweru
....
blanc

umuhondo
....
groc

oranje
....
taronja

iroza
......
rosa

umutuku
....
vermell

isine
......
lila

ubururu
....
blau

icyatsi kibisi
....
verd

igihogo
....
marró

ikigina
....
gris

umukara
....
negre

byinshi / bike

molt / poc

urakaye / utuje

emprenyat / tranquil

mwiza / mubi

bonic / lleig

intangiriro / impera

començament / fi

kinini / gito

gran / petit

gikeye / kijimye

clar / fosc

musaza / mushiki

germà / germana

gisukuye / cyanduye

net / brut

kirangiye / kitarangiye

complet / incomplet

umunsi / ijoro

dia / nit

wapfuye / muzima

mort / viu

hagari / hafunganye

ample / estret

kiribwa / kitaribwa

comestible / immenjable

umugome / ugwa neza

dolent / amable

ushishikaye / warambiwe

entusiasmat / entediat

ubyibushye / unanutse

gros / prim

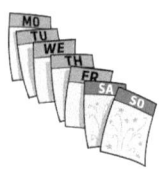

mbere / nyuma

primer / darrer

inshuti / umwanzi

amic / enemic

cyuzuye / kirimo ubusa

ple / buit

gikomeye / cyoroshye

dur / tou

kiremeye / kitaremereye

pesant / lleuger

inzara / inyota

gana / set

urwaye / ufite amagara
meza

malalt / sà

kemewe n'amategeko /
kibujijwe n'amategeko

il·legal / legal

umunyabwenge / igicucu

intel·ligent / ximple

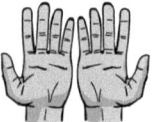

iburyo / ibumoso

esquerra / dreta

hafi / kure

prop / llunyà

gishya / cyakoze
....
nou / usat

nta kintu gihari / hari ikintu gihari
....
res / quelcom

ushaje / muto
....
vell / jove

atsa / zimya
....
encès / apagat

gifunguye / gifunze
....
obert / tancat

ucecetse / usakuza
....
silenciós / sorollós

ukize / ukennye
....
ric / pobre

ni byo / si byo
....
correcte / incorrecte

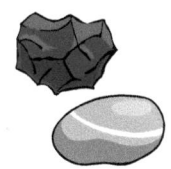

hahanda / hahehereye
....
aspre / suau

urakaye / wishimye
....
trist / content

mugufi / muremure
....
curt / llarg

urandaga / wihuta
....
lent / ràpid

utose / wumye
....
humit / sec - eixut

ashyushye / ahoze
....
calent / fred

intambara / amahoro
....
guerra / pau

0	**1**	**2**
zeru	rimwe	kabiri
zero	u	dos

3	**4**	**5**
gatatu	kane	gatanu
tres	quatre	cinc

6	**7**	**8**
gatandatu	karindwi	umunani
sis	set	vuit

9	**10**	**11**
icyenda	icumi	cumi na rimwe
nou	deu	onze

12	**13**	**14**
cumi na kabiri	cumi na gatatu	cumi na kane
dotze	tretze	catorze

15	**16**	**17**
cumi na gatanu	cumi na gatandatu	cumi na karindwi
quinze	setze	disset

18	**19**	**20**
cumi n'umunani	cumi n'icyenda	makumyabiri
divuit	dinou	vint

100	**1.000**	**1.000.000**
ijana	igihumbi	miliyoni
cent	mil	milió

Icyongereza

anglès

Icyongereza
cy'Abanyamerika

anglès americà

Igishinwa k'ikimandarini

xinès mandarí

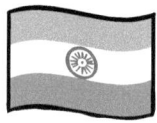

Igihindi

hindi

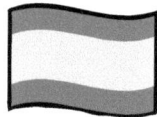

Ikesipanyoro

espanyol

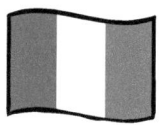

Igifaransa

francès

Icyarabu

àrab

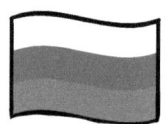

Ikirusiya

rus

Igiporutigari

portuguès

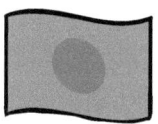

Ikibengari

bengalí

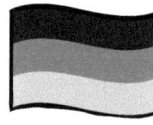

Ikidage

alemany

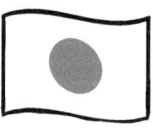

Ikiyapani

japonès

ge
jo

wowe
tu

we / we / we
ell / ella / allò

twe
nosaltres

mwe
vosaltres

bo
ells

nde?
qui?

iki?
què?

gute?
com?

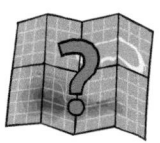

hehe?
on?

ryari?
quan?

izina
nom

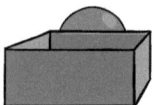

inyuma

darrere

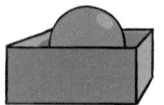

mo imbere

en

imbere ya

davant de

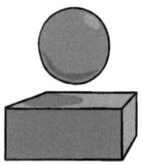

hejuru ya

damunt

kuri

sobre

munsi ya

sota

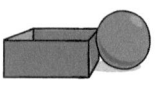

iruhande

al costat

hagati

entre

ahantu

lloc